एक नयी राह

कीर्तिका चौहान

Made with ♥ on the Notion Press Platform
www.notionpress.com

परिचय

सर्वप्रथम आप सभी को मेरा प्यार भरा नमस्कार...

आप सभी का धन्यवाद करना चाहूँगी जो आपने मेरी इस पुस्तक को चुना...

मैं उत्तरप्रदेश के एक छोटे से गाँव की रहनी वाली हूँ...हालांकि कविताएं लिखने और पढ़ने में मेरी बिल्कुल भी रूचि नहीं थी...मगर धीरे-धीरे वक्त के साथ ये कला भी शायद मेरे अंदर दस्तक देनें वाली थी...स्नातक के बाद ही मेरी रूचि कविताएं पढ़ने और लिखने में बढ़ने लगी और मेरे इन विचारों को जिज्ञासा का नया रूप देने लगी... इसलिए मैंने अपनी इस जिज्ञासा को अपनी पुस्तक में लिखने का संकल्प लिया....

अपने कुछ विचारों को मैं आप सभी तक पंहुचाना चाहती हूँ... जो कुछ उलझीं सी पहेलियों को सुलझाने में शायद आपकी मदद करेंगे और ज़िन्दगी की ओर एक कदम बढ़ानें में आपकी सहायता भी करेंगे...

धन्यवाद्...

मेरी शुरुआत...

इस ज़िन्दगी में जब से इन शब्दों की अहमियत ठीक से समझीं हैं तब से मैंने लिखना शुरू किया...शुरुआत कच्ची थी और शायद अभी भी कच्ची हैं...मगर फिर भी इस कच्ची शुरुआत को एक उम्मीद मानकर ज़िन्दगी के सफ़र में चलना शुरू किया हैं...मैंने 21 साल की उम्र में इन कविताओं को लिखना शुरू किया...तब ये कविताएं कहूँ या कुछ ज़िन्दगी की नज़्म जो चार पांच लाइन की हुआ करती थी...मगर अब थोड़ी सी बड़ी करना चाहती हूँ...मैं नहीं चाहती कि मेरे शब्द बस मेरी डायरी में ही लिखें रह जाए...इसलिए इन शब्दों के पिटारे को और कुछ जज़्बातों को आप तक पहुँचाना चाहती हूँ...आशा हैं आप सब मेरा मनोबल बनेंगे और मुझें आगे बढ़ने की हिम्मत देंगे... मुझे इतना मालूम भी नहीं हैं कि ये शब्दों की कहाँनी कहाँ जाकर रुकेगी....क्योंकि शब्दों की कहानियों का अंत नहीं होता....ये कहानियाँ, कवितायें आज भी लिखी जा रहीं हैं और शायद आगे भी लिखी जाएंगी....बस यही सब सोचकर मैंने ये कलम उठाई....और मन के ख्यालों को लिखना शुरू किया...इस सफ़र में मुझसें कई गलतियां भी होंगी...मेरे शब्दों में भी आपकों गलतियां भी नज़र आएगी....इसलिए उन सभी गलतियों के लिए मैं माफ़ी चाहूँगी....

थोड़ा अनजान थी....

दुनिया के शोर से
थोड़ी अनजानी थी
बेपरवाह खुशियों वाली
मुस्कराहट की वाहों में,
एक नादान सी थीं
जैसे भी दुनिया ढाले
वैसे ही ढल जाती थी
किस्मत के सफर में,
चलते चलते थोड़ा
पीछे ही रह जाती थी
बेखबर थी सपनों से,
इसलिए शायद ही
थोड़ी खोयी रहती थीं
ना रिश्तों का मोल
और ना अहसासों का
कोई तोल पता था
बस अपनी ही धुन में,
मनमोज़ी सी रहती थी
रातो की नींद का घर
और दिन के उजाले में
बेफिक्र सी रहती थी
ज़िन्दगी की कहानी के
हर रिश्ते से थोड़ा दूर थी

मौसम की नादानियों में
बदलते मौसम की तरह,
मौसमों का एक राज़ थी
दुनिया के शोर से,
थोड़ा अनजानी थीं
बेपरवाह खुशियों वाली
मुस्कराहट की वाहों में
एक नादान सी थीं....

नई नीति नए झोंके हैं.........

नई नीति नए झोंके हैं
ज़िन्दगी के बस यहीं
मोड़ कुदरत नें रोके हैं..
कुछ जानें पहचाने हैं
कुछ ना समझें अनजाने हैं
वक़्त के हालातो को थामे
ज़िन्दगी नें बस यहीं
काम बड़े रोके हैं...

नई नीति नए झोंके हैं
सपनों के बस यहीं
सवाल इस व्यथा नें रोके हैं..
कुछ सवरें से हैं
कुछ बिखरे से हैं
हज़ार रंगो को रंगे
ज़िन्दगी नें बस यहीं
जवाब मन में रोके हैं...

नई नीति नए झोंके हैं
ज़िन्दगी के बस यहीं
विचार ज़माने नें रोके हैं...
कुछ अपनें मन के हैं,
कुछ कहें औरों के हैं,

वक़्त को बिना थामे
ज़िन्दगी नें बस यहीं
कारण सामने से रोके हैं,,,

वक़्त को बिना थामे
ज़िन्दगी नें बस यहीं
कारण सामने से रोके हैं,,,

जो भी हैं बस गुज़र जाएगा......

जो भी हैं बस गुज़र जाएगा
समय का रंग बीत ही जाएगा...
अफ़सोस क्यों करते रहें हम
जब समय का हर हाल तुम्हे
आखिर ये समय ही बतलायेगा..
छोड़दो वो सोचना तुम यारों
जो तुम्हारे हाथों का दस्तूर नहीं
कर्म करते जाओं बस तुम
क्यूंकि दूसरा फिर पास तुम्हारे
ओर कोई आगे रास्ता नहीं....
बैठे हो बस बीती यादों को लेकर
और आने वाले कल के सपने सजाकर...
मगर कभी खुदसे सवाल किया नहीं
कि क्या सही हैं समय से खफ़ा होना ?
जो होना हैं वो होकर ही रहेगा...
ज़िन्दगी के खेल को, समय ही
हर रोज यूँही तरासता रहेगा...
रोना हो या फिर हसना तुम्हारा,
ये समय कहाँ तुम्हें देख पायेगा...
अगर नहीं सीखा कुछ भी तुमने
अपने हालात और मजबूरियों से,
अगर नहीं सीखा कुछ भी तुमने
अपनी चौखट की परिस्थियों से,

तोह देखना ये समय फिर से
तुम्हारी ज़िन्दगी में अंधेरा लायेगा..
उठ जाओं खड़े हो जाओं अब
समझो समय की डोर को यारों तुम
क्यूंकि तुम्हें मालूम तोह हैं ना
जो भी हैं बस गुज़र जाएगा...
समय का रंग बीत ही जाएगा
अफ़सोस क्यों करते रहें हम
जब समय का हर हाल तुम्हे
आखिर ये समय ही बतलायेगा...

एक कहानी.....

तेरी भी एक कहानी लिखी जाएगी

थोड़ी मुश्किलें ही सही मगर जीत तेरी भी हो जाएगी...

माना कदम कदम पर बेहद सवाल पूछे जाएंगे

खुद से खुद की लड़ाई के तराने सुनाये जाएंगे

मगर तू उठ फिर चल, देखना तेरे रंग भी सवर जाएंगे...

हौसलों को जन्म दे तू और निडर बन उड़ती जा..

किसी ने सफ़र में कुछ कहा अगर तो तू बिना रुके चलती जा..

छोड़ परवाह कि ज़माना क्या कहेगा

तू पकड़ डगर हिम्मतों की और सफल होता जा...

तू कमज़ोर नहीं हैं बस सब्र की कहानी में व्यस्त हैं

देखना थोड़ी ही सही मगर मुस्कराहट्ट के भी किस्से सुनाये जाएंगे...

हाँ, तेरी भी एक कहानी लिखी जाएगी...

थोड़ी मुश्किलें ही सही मगर जीत तेरी भी हो जाएगी...

फिर भी चलेंगे....

माना सफ़र मुश्किल सा हैं
मगर हम फिर भी लड़ेंगे..
बेहद गुज़रें होंगे निराश पल
मगर हम फिर भी चलेंगे..
कोशिशें जितनी हो सकेंगी
उतनी हम जरूर करेंगे..
मगर डरेंगे नहीं सफ़र में
लिये जीत का जज़्बा आँखों में
हम आगे बढ़ते ही रहेंगे..
चखेंगे हार का भी स्वाद
मगर हिम्मत कभी भी अपनी
हम सफ़र में नहीं हारेंगे
बस कदम बढ़ाते ही चलेंगे..
मगर गलत विचारों को अपने
हम कभी शय नहीं देंगे
सफलता मिले या ना मिले
मगर अपनी तरफ से पूरी
हम कोशिशे करते रहेंगे..
ना घबराएंगे तेज़ तूफ़ानो से
ना निराशाओ को गले लगाएंगे
ना खुदको कमज़ोर बनने देंगे
हम तो सफ़र के वो राही बनेंगे
जो अपने अच्छे विचारों के दम पे

अपनी ज़िन्दगी का सफ़र
बेहतर से बेहतर बनाते चलेंगे..
हम बदलेंगे सोच खुद की
खुद को काबिल बनाने के लिये
बुरे ख्यालों को हावी होने नहीं देंगे
मगर आत्मनिर्भर बनने के लिये,
हम कुछ भी गलत नहीं सहेंगे..
उड़ान भरेंगे प्यारे सपनों की
बनाएंगे पहचान एक दिन
मगर कभी भी कोशिशें करने से
हम बिल्कुल भी नहीं कतराएंगे..
माना सफ़र मुश्किल सा हैं
मगर हम फिर भी लड़ेंगे
बेहद गुज़रेँ होंगे निराश पल
मगर हम फिर भी चलेंगे...

बिखर गया हूँ मैं....

ज़िन्दगी के खेल में जकड़ गया हूँ मैं
टूटकर थोड़ा सा हाँ बिखर गया हूँ मैं...
हूँ ज़िन्दगी के उस मोड़ पर चल रहा मैं
जहाँ अपनों ने ही मुझें रुसबा किया हैं
कई चेहरे पर कई चेहरे देखता आया हूँ
झूठे नकाब ओढ़के अपनों को ही
अपनों से छलते हुए देखते आया हूँ
फरेबी से बन जाते हैं कईदफा अपने भी
सुनाते हैं ताने भी हौसलों को तोड़ने वाले
ज़िन्दगी के खेल में जकड़ गया हूँ मैं
टूटकर थोड़ा सा हाँ बिखर गया हूँ मैं...
खेल रचे हैं अपनों ने ही बड़े नफ़रत वाले
दुश्मनी की ओढ़ चादर औरों पर हसने वाले
तरक्की से अपनों की ही बेहद जलने वाले
ख़ुश हो जाता हूँ फिर भी ये तमाशें देखके
अपनों को ही अपनों से नज़रे चुराते देखके
बेहद प्यार भी बांटा हैं खुशियाँ भी बाटी हैं...
मगर फिर भी अपनों ने ही धोकेबाज़ कहा हैं...
ज़िन्दगी के खेल में जकड़ गया हूँ मैं
टूटकर थोड़ा सा हाँ बिखर गया हूँ मैं...

निराशाये....

निराशाये, निराशाये नहीं होती
ज़िन्दगी की ये कहानी हमारी,
कभी बेज़ान सी नहीं होती..
कदम अगर रुक जाए तुम्हारे
घोर तूफ़ानो के आ जाने से,
तो राहें तुम्हारी मुश्किल नहीं होती..
हाँ, अभी ये सफ़र ज़िन्दगी का
शायद एक परीक्षा दे रहा हैं,
कभी दुःख तोह कभी खुशियों का
एक मेला सा सजा रहा हैं,
मगर आँखों की नमी तुम्हारी
यूँही हालातों से लड़ते लड़ते,
कभी भी बेकार सी नहीं जाती..
जज़्बातो के रचे तुम ख़ास किरदार हो
और ख़ास किरदारों की जुबांनिया
हरपल दर्द की छाप नहीं छोड़ती..
निराशाये, निराशाये नहीं होती
ज़िन्दगी की ये कहानी हमारी
कभी बेज़ान सी नहीं होती...

उम्मीदो को गले लगाना...

जब ज़िन्दगी की कहानी तुम्हारी रूठने सी लगे
दिलकश नज़ारो में उदासी सी छाने लगे
तब हताशा से दूर रहकर उम्मीदो को गले लगाना
आँखों में अपने सपनों के प्यारे दिये जलाना
करते रहना कोशिश और बस भरोसा रखना
ज़िन्दगी की लड़ाई में खुदको तबज़्ज़ू देते रहना
खुदको औरों से कम नहीं किसी काबिल समझना
बिखरे सपनों को तुम बेहतर दिशा दिखाना
कामियाबी की सीढ़ी चढ़ना मगर हार मत मानना
सफ़र की शुरुआत तुम शून्य से ही सही
मगर कुछ ना कुछ तोह पहल ज़रूर करना
करीब से समझना ज़िन्दगी के हर इम्तेहाँ को
कदम कदम पर हिम्मत देना तुम खुदको
और ज़िन्दगी की राहों में बस मुस्कराते हुए चलना
हाँ जब ज़िन्दगी की कहानी तुम्हारी रूठने सी लगे
दिलकश नज़ारों में उदासी सी छाने लगे
तब हताशा से दूर रहकर उम्मीदो को गले लगाना...

ख़ामोशी....

कभी ख़ामोशी कों भी पढ़कर देखना
ज़िन्दगी से ज़िन्दगी का हाथ मिलाकर रखना
ये मुस्कराहट्ट चेहरे की तुम अपनी
हरपल हमेशा यूँही बरकरार रखना
किस्मत से मिलते हैं कुछ ख़ास रिश्ते यहाँ
जिनकी पनाह में रहकर तुम खुश रहना
कुछ अपने संग कों भी करीब से समझना
दुनियादारी रखना मग़र एहतियात भी रखना
हौसलों से भरी उड़ान कों तुम अपनी
हरपल अपनी ताकत बनाकर रखना....

रूठकर क्या करोगे तुम....

ज़िन्दगी से रूठकर क्या करोगे तुम
दो पल की ये ज़िंदगानी हैं यारों
फिर बेचैनिया मन में पालकर क्या करोगे तुम...
राहैं आसान सफ़र की हो ही जाएंगी
खामोशियाँ भी मुस्कराहट्ट में बदल जाएंगी
तकदीर के फैसले भी थोड़ी राहत दें देंगे
मग़र तन्हाइयों में खुद को यूँह रुलाकर
सफ़र में नाराज़गी दिखाकर क्या करोगे तुम...
सुहाना सा मौसम हैं वक़्त के हर रंग का
बदलते रिश्तों में भी उम्मीद हैं सब ठीक होने की
बस महफ़िल इस ज़माने की रंगत में
खुदकों हारा हुआ मानकर क्या करोगे तुम...
हाँ, ज़िन्दगी से रूठकर क्या करोगे तुम
दो पल की ये ज़िंदगानी हैं यारों
फिर बेचैनिया मन में पालकर क्या करोगे तुम...

जीतने की ख्वाइश में....

जीतने की ख्वाइश में
तुमने कभी हारना सीखा नहीं
रहीं चाह बस जीतने की
मगर काँटों पर चलना
तुम्हें कभी रास आया नहीं..

होंगी अनेकों हार शामिल
ज़िन्दगी के सफ़र में तुम्हारी
मगर जीतने की ख्वाइश में
तुम कभी हार से कतराना नहीं...
बक्त रूठेगा तुमसे कईबार
कहानियाँ भी ज़िन्दगी की
विचलने लगेगी तुमसे हज़ारबार
मगर याद रखना यह तुम
कि हार बिन जीत संभव नहीं...
मुश्किलों का सफ़र ज़रूर हैं
मगर राहें इतनी भी कठिन नहीं
परीक्षाए तो हकीकत हैं सफ़र की
मगर ये ज़िन्दगी विश्राम तो नहीं..

जिसने करीब से जाना हैं
शिखर मंज़िल की दिशाओं का,
उसे हार में भी दिखती हैं

खुशियाँ अपने सपनों की,
मगर गिरकर उठना तुम्हें हैं
सफ़र में तुम्हारे किसी और को नहीं...

हाँ, जीतने की ख्वाइश में
तुमने कभी हारना सीखा नहीं
रहीं चाह बस जीतने की
मगर काँटों पर चलना
तुम्हें कभी रास आया नहीं....

प्यारे सपने...

नाराज़ नहीं होते दिल के सपने
बस अपनों की ख़ुशी के आगे
खामोश से पड़ जाते हैं प्यारे सपने
रातें जो गुज़री होती हैं इंतेज़ार में
कि सपने भरेंगे उड़ान लेके इज़ाज़त
अपनों की ख़ुशी ख़ुशी हाँ सुनके,
वो सपने रह जाते है सिर्फ हवा के झोंके से
क्या क्या सोचा होता हैं किरदार ने
कि खुलकर जियेंगे अहसास अपने,
दिल से मुस्कराएंगे जब होंगे सच सपने
मगर इज़ाज़त ना मिली उन सपनो को
देहलीज़ से कभी बहार कदम रखने की,
बस हार गए सपने अपनों के आगे
ना आवाज़ उठी अपने लिए उन किरदारो की,
जिसके सपने ही थे ज़िन्दगी जीना उसकी
हां नाराज़ नहीं होते दिल के सपने
बस अपनों की ख़ुशी के आगे
खामोश से पड़ जाते हैं प्यारे सपने....

कभी - कभी....

किरदार अपनी ज़िन्दगी को,
कभी-कभी समझ नहीं पाता..
वक़्त से मिली गहरी चोट को,
यूँही मरहम लगा नहीं पाता...
माना ज़िन्दगी का सफ़र बेहद,
मुश्किलों से घिरा हैं उसका
मगर मंज़िल तक का ये सफ़र
बिना कुछ सीखे और समझें
आगे भी तो नहीं बढ़ पाता...
हर जीत का रंग गाढ़ा नहीं होता
शुरुआत थोड़ी फीकी होती हैं
और फिर शायद कई विपत्ति के बाद
सफलताओ का रास्ता तय होता हैं...
मन की रीत सच्चाई मांगती हैं
क्यूंकि झूठी कहानी का अंत
हमेशा झूठा ही नज़र आता हैं...
खुदपर भरोशा नहीं तो मंज़िल नहीं,
मेहनत के बिना जीत संभव नहीं,
कहानी किरदार की यूँही आसान नहीं,
रातों की जंग हैं बड़ी बेशुमार
बिना हौसलों के यहाँ किरदार का
कोई बजूद रचाया नहीं जाता...
किरदार अपनी ज़िन्दगी को,

कभी-कभी समझ नहीं पाता..
वक़्त से मिली गहरी चोट को,
यूँही मरहम लगा नहीं पाता...

अनजान ज़िन्दगी.....

अनजान ज़िन्दगी से हम
थोड़े अनजान ही रहते हैं,
महंगी महंगी आदतों से
हम कोसों दूर ही भागते हैं...
सजाना आता हैं रिश्तों को
हमें सिर्फ सादगी से ही,
वरना ज़िन्दगी के नए नए
रंगो से हम दूरियां ही बनाते हैं..
क्या ये महंगे महंगे तोहफ़े
और क्या ये बड़े महंगे बंगले,
झंझट ही समझ नहीं आते
हमें ये ज़िन्दगी के रास्ते,
ना झूठी तसल्ली देते हैं यहाँ
हम हर किसी के जज़्बातों को,
पहले खुशियाँ बाटते हैं सबको
और फिर बाद में हम खुदकी
महफ़िल को सजाते हैं...
अनजान ज़िन्दगी से हम
थोड़े अनजान ही रहते हैं
महंगी महंगी आदतों से
हाँ, हम कोसों दूर ही भागते हैं...

आशाये नहीं थमती....

वक़्त गुज़र जाता हैं
मगर आशाये कभी नहीं थमती..
लकीरें सपनो की राह तकती हैं
मगर कभी तुम्हारे अपने सपनो को
हक़ीक़त करने की आवाज़ नहीं उठती..
आलस्य को ज़िन्दगी बना डाला हैं
कल कुछ करेंगे परसो कुछ करेंगे
मगर कल और आज यूँही गुज़र जाता हैं..
ना लग्न है ना तड़प हैं सपनो के लिए
सपने सजा तो लिए हैं दिल खोलके,
मगर कोशिशे करने की पहल नहीं होती..
वक़्त गुज़र जाता हैं
मगर आशाये कभी नहीं थमती..
दिल की आवाज़ मुस्कराना चाहती हैं
मगर कभी तुम्हारे खुदसे किये गए वादों की,
अहमियत ही सच्ची साबित नहीं होती..
थमा थमा सा खुदका किरदार बना डाला हैं
अपने हर आज को यूँही गवा दिया डाला हैं
ना उमीदें हैं ना दिल के रंग सच्चे तुम्हारे,
सजाके उमीदें बस कुछ पल के लिए तुमने
अपने ज़िन्दगी के सफर को क्या बना दिया हैं...
हाँ, वक़्त गुज़र जाता हैं
मगर आशाये नहीं थमती....

अहसाश.....

अहसाशों के बिना लम्हें कहा गुज़रते हैं
अहसाश ही तो हैं जो हर रंग ज़िन्दगी के,
बड़े ख़ुशनुमा और खूबसूरत से लगते हैं...
रिश्तों में चढ़ते प्यार के बेशुमार से पल
यादों के दरमियाँ एक घर सा बना लेते हैं
दूरियां हो चाहें कुछ वक़्त की राहों में
एक ना एक दिन रास्ते मंज़िल चुन ही लेते हैं...
अपनेपन की राहें भी बेखौफ घूमा करती हैं
महफ़ूज़ रहकर अपनों के बीच खुदको
यारा बड़ी ही किस्मत वाली समझा करती हैं..
आसान नहीं होता माना एतबार करना किसी पे,
मगर कुछ अजनवी दिल पत्थर भी तो नहीं होते हैं..
अहसाशों के बिना लम्हें कहा गुज़रते हैं
अहसाश ही तो हैं जो हर रंग ज़िन्दगी के
बड़े ख़ुशनुमा और खूबसूरत से लगते हैं...

चलने की बारी हैं तुम्हारी....

संघर्षों के संग तपती हैं ज़िन्दगी तुम्हारी
किरदार आम से नहीं हो यारो हो तुम
बस अब चलने की बारी हैं फिर तुम्हारी
जो टूट चुके थे कभी बुलंद हौसले तुम्हारे
उन हौसलों को सच करने की जिद्द हैं तुम्हारी
राहें जो मुश्किल लगने लगी थी बड़ी ही तुम्हें
थम गए थे कदम जो हालातो की मार सहते सहते
आज उन्ही कदमो को फिर से अब आगे,
कदम बढ़ाने की ठानी हैं ज़िन्दगी ने तुम्हारी
रोना हो या हारना ये सब तो लगा ही रहेगा
मगर जो हिम्मत तोड़कर बस शांत बैठे रहे तुम
फिर देखना कुछ नहीं कर पाएगी ज़िन्दगी की,
ये आत्मनिर्भर बनने की कहानी तुम्हारी
चलना हैं उठना हैं गिरकर और फिर सम्भलना हैं
टूटे हो या बिखरे चाहें जज़्बात अब तुम्हारे
मगर राहें इंतेज़ार कर रही हैं कुछ बनने का तुम्हारी
हाँ संघर्षों के संग तपती हैं ज़िन्दगी तुम्हारी
किरदार आम से नहीं हो यारों तुम
बस अब चलने की बारी हैं फिर तुम्हारी..

जब आँखे नम सी हो गयी तेरी...

जब आँखे नम सी हो गयी तेरी
बिखर गयी सारी उम्मीदें हर किसी से तेरी
पड़ गया अकेला हर राहों में तू
टूट गया खुद के ही हालातों में तू
समझ ना आया कुछ भी तुझे
बस रह गया एक घर बनाकर
खुदके ही बेवजाह ख्यालों में तू...
खुदको संभालना बेहद चाहा तूने
मुस्कराते मुस्कराते चलना भी
कईदफ़ा चाहा हैं सफ़र में तूने
मगर आँखे नम सी होती गयी
बेचैनी यादों में बड़ी बढ़ती गयी तेरी..
हर रोज हुआ हैं एक नया सवेरा
मगर धड़कने दिल की तेरी
इंतेज़ार में किसी के रोती गयी...
कितनीबार मंज़िल में आगे बढ़ने की
बेहद ही कोशिशे की हैं तूने
मगर बीती यादें तुझे खड़ा ना कर पायी..
हसरते कितनी ही प्यारी सजायी थी तूने
मुस्कराहट्ट के फूल कितने लगाए थे तूने
मगर विरह ही शायद किस्मत थी तेरी...
तड़पते रहना ही प्रेम में उस रब के

सच्ची और प्यारी इबादत थी तेरी...
खुशियाँ भले नसीब ना हुई हो तुझे
मगर ग़मों में जीने की अद्भुत सी
एक ताक़त थी इस दिल में तेरे
जो सह गया हर दर्द तकलीफ़ गहरी
जो तड़पता रहा हर बेचैनी में भी
मगर हिम्मत और हौसला पाने का
खोया नहीं उस कान्हा को कभी तूने
दर्शन भले ना दिया कभी उस कान्हा ने
मगर कान्हा को ही हरपल अपनी
ख़ूबसूरत ज़िन्दगी समझा हैं तूने...

अंधेरा उजाला भी लायेगा....

मंज़िल के इशारो को तुम
यूँही व्यर्थ मत जाने देना
कर कोशिशे बेइंतिहा तुम
अपने पथ पर बस अडिग रहना
माना सफ़र आसान नहीं होगा
मुश्किलें आएँगी बेहद तमाम
मगर नहीं सीखा हैं यारों तुमने
अपनी राहों से कभी विचलना
निशाना वहीं मंज़िल तय करना
चलना हौसला लेकर उसी ओर
जहाँ इंतेज़ार हैं मंज़िल को तुम्हारा
बाधाये तो अनगिनत आएँगी
मगर याद रखना तुम भी यारों
कि अँधेरा उजाला भी लाएगा
काँटों का सफ़र भी एक दिन
हाँ फूलों का बसेरा भी लायेगा..
छोड़कर चिंताओ की कहानी
बस तुम आगे बढ़ते ही रहना
कुछ कदम रुकना पड़े तो रुकना
मगर मंज़िल की ओर चलते चलते
तुम मेरे यारों कभी मुँह मत मोड़ना
हाँ मंज़िल के इशारो को तुम
यूँही व्यर्थ मत जाने देना

कर कोशिशे बेइंतिहा तुम
अपने पथ बस अडिग रहना...

गुज़र जाएगा....

जो भी हैं बस गुज़र जाएगा
समय का रंग बीत ही जाएगा
अफ़सोस क्यों करते रहें हम
जब समय का हर हाल तुम्हे
आखिर ये समय ही बतलायेगा
छोड़दो वो सोचना तुम यारों
जो तुम्हारे हाथों का दस्तूर नहीं
कर्म करते जाओं बस तुम
क्यूंकि दूसरा फिर पास तुम्हारे
ओर कोई आगे रास्ता नहीं....
बैठे हो बस बीती यादों को लेकर
और आने वाले कल के सपने सजाकर
मगर कभी खुदसे सवाल किया नहीं
कि क्या सही हैं समय से खफ़ा होना
जो होना हैं वो होकर ही रहेगा
ज़िन्दगी के खेल को समय ही
हर रोज यूँही तरासता रहेगा
रोना हो या फिर हसना तुम्हारा
ये समय कहाँ तुम्हें देख पायेगा
अगर नहीं सीखा कुछ भी तुमने
अपने हालात और मजबूरियों से
अगर नहीं सीखा कुछ भी तुमने
अपनी चौखट की परिस्थितियों से

तोह देखना ये समय फिर से
तुम्हारी ज़िन्दगी में अंधेरा लायेगा
उठ जाओं खड़े हो जाओं अब
समझो समय की डोर को यारों तुम
क्यूंकि तुम्हें मालूम तोह हैं ना
जो भी हैं बस गुज़र जाएगा...
समय का रंग बीत ही जाएगा
अफ़सोस क्यों करते रहें हम
जब समय का हर हाल तुम्हे
आखिर ये समय ही बतलायेगा...

हमने नहीं सीखा हैं यारों....

जिस माँ में दिखता हैं
भगवती का रूप तुम्हें
जो लगती आयी हैं श्रेष्ठ
वेद से भी ज्यादा तुम्हें
फिर ऐसी शक्ति को
क्यों हम लज्जित करते रहें..
समझकर उसको तुच्छ बस
तिरस्कार उसका करते रहें
ऐसी धन्य धरती पर
क्यों ही हम ये पाप करते रहे
जिससे ये जन्नत हैं प्यारी
हम उस दुर्गा तुल्य को
क्यों ही अपमानित करते रहे
जिस संस्कृति में पले बड़े हैं
उस संस्कृति को ही
क्यों हम दाग़ लगाते रहें...
शिक्षा हमारी ऊँची हैं
हमनें नहीं सीखा हैं यारों
माँ बहन बेटियों पर
अपनी बुरी नीयत डालना
फिर क्यों पैरे दौड़े हैं उसकी ओर
उस लक्ष्मी का निरादर करने कौं..
क्यों हम ऐसा घोर पाप करें,

जिससे गिर ही जाए,
हम खुद ही खुदकी नज़रों में..
हाँ, जिस माँ में दिखता हैं
भगवती का रूप तुम्हें
जो लगती आयी हैं श्रेष्ठ
वेद से भी ज्यादा तुम्हें
फिर ऐसी शक्ति को
क्यों हम लज्जित करते रहें....

मंज़िल मिले या ना मिले....

मंज़िल सपनों की मिले या ना मिले
मगर हम ये सफ़र ज़रूर तय करेंगे
राहें भले हो कितनी भी मुश्किल हमारी
मगर हम सफ़र में घबराकर नहीं डरेंगे
ऊँचाईया नसीब का हिस्सा हो या ना हो
मगर अपनी तरफ से हर कोशिश करेंगे
कदम बढ़ाएंगे सच्चाई की ओर हमेशा
मगर झूठ का सहारा ज़िन्दगी में नहीं लेंगे
मुस्कराएंगे हरपल चाहें फिर ग़म ज्यादा हो,
मगर मुस्कराहट्ट से हम नाता नहीं तोड़ेंगे
सफ़र में कोई साथ निभाये या निभाये
मगर अकेले ही आये थे ज़िन्दगी में हम,
इसलिए खुदके साथ अकेले ही चलेंगे
रातों का सन्नाटा भी चाहें कितना सताये
वक़्त का दस्तूर भी कितने इम्तेहान ले
मगर हौसलों को लेकर यूँही हम अपने
आगे ज़िन्दगी में बिन डरके बढ़ते रहेंगे
मंज़िल सपनों की मिले या ना मिले
मगर हम ये सफ़र ज़रूर तय करेंगे...

गुज़र रहा हैं ये वक़्त भी....

गुज़र रहा हैं ये वक़्त भी
ये वक़्त का हर लम्हा भी..
सिमट रही हैं यादें भी कुछ
मन को बड़ी बहलाने वाली..
ये सुबह हुई शाम हुई
और बीत रही हैं घड़ीया
ज़िन्दगी को कम करने वाली..
आज हैं अभी वक़्त पास
तो ख़ामोश बैठे हैं बड़े हम
हाथ पे हाथ धरे बस यूँही
हर नज़ारे को तक रहें हैं हम..
आने वाली खुशियों के इंतेज़ार में
अभी के वक़्त को रुला रहें हैं हम..
जिस कल का पता नहीं
कि जीवन अपना हैं या नहीं
उस जीवन को ही क्यों
हताश और बेगाना बना रहे हैं हम..
पलों की खूबसूरतीयों को
ना जाने क्यों ग़म दे रहे हैं हम
वक़्त की अहमियत समझें बिना
वक़्त को ही क्यों आखिर
कसूरबार सा ठहरा रहे हैं हम
गुज़र रहा हैं ये वक़्त भी

ये वक़्त का हर लम्हा भी
सिमट रही हैं यादें भी कुछ
मन को बड़ी बहलाने वाली...

ज़माना....

बेशक़ ज़माने से डरकर जी तो रहे हैं हम,
मगर हमें हमारे अपनों ने भी डराया हैं
हर कदम पर अपना फ़ैसला हमपर थोपा हैं,
बहोत कोशिशे भी की हैं हमनें
खुद को बार बार आजाद करने की साथियों,
मगर नतीज़ा फिर भी हमारे खिलाफ आया हैं...
सपने हो या हमारी पूरी ज़िन्दगी का एहसास,
सारे ही एहसाशों को जैसे वक़्त ने झुठलाया हैं..
अपनी मर्ज़ी अपना रोप बस यही तो,
हम लड़कियों की ज़िन्दगी के साथ होता आया हैं...
कपड़ो से लेकर हर ख्वाइश तोड़ी हैं अपनों ने,
ज़माना तो दूर, यहाँ तो अपनों ने ही हमें ठुकराया हैं..
खुशियाँ भी अपनी नसीब ना बनकर रही, और ज़िन्दगी
भी खुद को गुलाम बनाती गयी,
घुटकर भी जिये हैं हम और खुदको कोसा भी हैं
मगर क्या करें यहाँ अपनों ने ही हमें ठुकराया हैं....
बेशक़ ज़माने से डरकर जी तो रहे हैं हम,
मगर हमें हमारे अपनों ने भी डराया हैं....

ख़्वाइशों की चाह में.....

ख़्वाइशो की चाह को
यूँही विराम लगना मुश्किल हैं..
यहाँ सफ़र सपनों की उड़ान का हैं
और इस सफ़र का थम जाना
हाँ, बेहद ही नामुमकिन सा हैं..
यकीं हैं ख़्वाबों की रौशनी पर मुझें
चाहें वो रौशनी अभी अँधेरे में रक्खें,
भले थोड़ा सफ़र सपनों का मेरा
ऊँचा सा और कुछ नीचा सा रहे..
मगर हौसलों को मेरे तोड़ने के लिये
आज भी कोई चीज़ नहीं बनी हैं..
यक़ीं हैं अपनी कोशिशों पर मुझें
चाहें कोशिशे अभी नाकाम सी रहे..
भले थोड़ा सा आज रूठा हो मेरा
टेढ़ा सा और कुछ मेढ़ा सा हर रस्ता रहे
मगर हिम्मत को मेरे हराने के लिये
आज भी कोई रहनुमाई नहीं हुई हैं..
हाँ, ख़्वाइशो की चाह को
यूँही विराम लगना मुश्किल हैं
यहाँ सफ़र सपनों की उड़ान का हैं
और इस सफ़र का थम जाना
बेहद ही नामुमकिन सा हैं....

हॅंसीन दीदार....

सुनो, तुम जैसे भी हो
खुद में बेहद लाजवाब हो
हाँ, तुम जैसे भी हो
खुद में हँसीन दीदार हो...
तुम्हारे सफ़र में भले लोगों ने
तुम्हें बेहद ही सुनाया हो,
बीच राह मंज़िल की भले ही
ना जाने कितनीबार टोका हो,
मगर तुम ध्यान देना छोड़ दो
उन लोगों के इस नज़रिये से,
सोचने दो, जो सोच रहे हैं वो
तुम तो कदम से कदम मिलाकर,
ज़िन्दगी का सफ़र तय करो..
मत भयभीत होकर रह जाओं
कठिन परिस्थितियों से तुम,
मत घबराओ लोगों के तानों से तुम
ख़ुश रहो और राहें बनाओं खुदकी
जो कह रहा हैं गलत कहने दो
जो टोक रहा हैं उसे भी टोकने दो..
खामोशियों के साथ आगे बढ़ो तुम,
मन के शोर से खुदको तैयार करो तुम
क्यूंकि लोगों दीका क्या हैं
सफ़र में बातें बनाते आज भी मिलेंगे

और कल भी मिलेंगे आगे तुम्हें..
हाँ सुनो, तुम जैसे भी हो
खुद में बेहद लाजवाब हो
हाँ तुम जैसे भी हो
खुद में हँसीन दीदार हो..

पतझड़ भी कुछ कहता हैं....

पतझड़ भी कुछ कहता हैं
तुम्हारे सपनों को सच करने की
वो भी तुम्हें गुहार लगाता हैं...
वक़्त के सिलसिलों ने एक ऐसा भी
इम्तेहानों का सफ़र दिया हैं
वृक्ष से पत्ते अलग हो जाने का
हाँ एक वृक्ष को भी बड़ा दर्द दिया हैं
हारा वो वृक्ष भी हैं खुदकी
ना जाने कितनी असफलताओ पर
मगर फिर भी सफल होने का
उस वृक्ष ने भी इंतेज़ार किया हैं
असफलताओ को छोड़ उसने भी
सफलता के लिये कोशिश की हैं
मगर असफलताओं से कभी भी
वो वृक्ष निराश नहीं हुआ हैं
उस वृक्ष ने सिखाया हैं हमें भी
कि कैसे असफलताओ से हमें
कभी भी निराश होकर नहीं बैठना
कभी भी असफलताओ से हारकर
खुदको को कोसते हुए नहीं चलना
बल्कि असफलताओं से खुदको
मंज़िल के लिये तैयार करते चलना हैं
हाँ पतझड़ भी कुछ कहता हैं

तुम्हारे सपनों को सच करने की
वो भी तुम्हें गुहार लगाता हैं.....

तुम्हारे सपनों को सच करने की
वो भी तुम्हें गुहार लगाता हैं.....

बादलों का शोर...

बादलों का जितना शोर हैं कानो में
उतना ये बादल भी तो सहमे हैं
कभी बिछड़ने का दर्द धरा से
ये बादल भी तो छिप छिपकर
हाँ कईबार यूँही रोते आये हैं
अहसासों के रंग में ये भी जिये हैं
अनकही दास्ताँ को लेकर अपनी
बादलों ने भी दर्द के आलम ओढ़े हैं
खुशियाँ नज़दीक थी इनके भी
नाज़ था इन्हें भी बादल बनने का
गर्व से सीना चौड़ा हुआ था इनका भी
मगर फिर भी धरा से दूर होने का
ग़म लिये ये बादल भी ज़ख़्मी हुए हैं
आँशु बहाए हैं बादलों ने भी
मगर फिर भी गगन में उड़े हैं
कभी ख़ुशी में झूमे हैं मग्न अपनी
कभी उदासियो में भी अपनी
चरण धरा के ना जाने कब से
ये बादल यूँही धोते आये हैं
बरसते आये हैं प्रेम के अश्रु भी
और सिखाकर गए हैं परिभाषा
मिलन और विरह के अहसासों की
हम भी हिस्सा हैं कुछ इन्हीं लम्हों का

हम भी तो दूर होते आये हैं
अपने ख़्वाबों को पाने के लिये
अपनी ज़मी को छोड़ जाना पड़ा हैं
कईदफ़ा परदेश की ओर भी
हमनें भी तो आखिर सीखा हैं
मिलन और विरह का गीत सपनों का
हाँ बादलों का जितना शोर हैं कानो में
उतना ये बादल भी तो सहमे हैं
कभी बिछड़ने का दर्द धरा से
ये बादल भी तो छिप छिपकर
हाँ, कईबार यूँही रोते आये हैं....

कठनाईयों का इतिहास.....

काठनाईयो ने भी इतिहास रचा हैं
संघर्ष के समंदर में गौते लगाकर
किरदार ने भी आँशुओ के दरमियाँ
अपने सपनों को भी अधूरा छोड़ा हैं...
समझा हैं उसने रूप ज़िन्दगी का
मगर फिर भी हर तरह से चलने के लिये
वो किरदार विश्वास किये तैयार खड़ा हैं..
वो जानता हैं कि कईदफ़ा नम हुई हैं
आँखे उसकी हालातों की दस्तक में,
दर्द की सियाही से लिखी गयी हैं
कहानी उसकी बड़े ही ज़ख्म देके,
मगर फिर भी वो किरदार बढ़ता रहा हैं..
समझा हैं पहचाना हैं रुख ज़िन्दगी का उसने
उदासी को भी करीब से जाना हैं उसने
कि कैसे प्रेम विरह में सब्र करना क्या हैं..
व्याकुलता की भी परिभाषा जानी उसने
और बेबसी का आलम भी बेहद देखा,
मगर फिर भी हर मोड़ पर कुछ सीखता चला..
उन आँखों में भी झाककर देखा उसने
जो असहाय हैं और बड़े निर्बल से बैठे हैं
सपने पाले आँखों में अन्याय भी कई सहे हैं...
हाँ, काठनाईयो ने भी इतिहास रचा हैं
संघर्ष के समंदर में गौते लगाकर

किरदार ने भी आँशुओ के दरमियाँ
अपने सपनों को भी अधूरा छोड़ा हैं....

किरदार ने भी आँशुओ के दरमियाँ
अपने सपनों को भी अधूरा छोड़ा हैं....

कुछ ख्वाइशें.....

बंद दरवाजो के पीछे भी पलती हैं कुछ ख्वाइशे
कुछ चंद उम्मीदें तो कुछ गहरी सी रातें
ना जाने कितना कुछ छिपा हैं उस दरवाजे के पीछे
जहाँ कई अधूरे ख़्वाब टूटकर बिखरे हैं हररोज यूँही
बेखबर हुए हैं कितने ही रंग तुम्हारी चाहतो के
ख़ामोश रही हैं कुछ कहानियाँ जो कभी भी
कुछ कह ही ना सकी यहाँ खुलकर किसी से..
बीज बोती ही रही उम्मीदो का और संघर्षो का
मगर फिर भी मजबूरियों के बीच कैद होती गयी...
दस्तक भी हुई हालातों के बड़े भारी शोर से
और इन्हीं हालातों में ज़िन्दगी ख़ामोश सी हो गयी...
भरोशा करों अब खुद की क़ाबिलियत पर तुम
खोल डालों बंद उन दरवाजो की वो कुंदिया
जो बंद पड़ी हैं ना जाने कितने ही अरसो से..
अब अफ़सोस मत जताओ उसके लिये तुम
जो ज़िन्दगी में तुम्हारी तुम्हें मिला नहीं....
फिर से उम्मीद करों तुम सफ़र में चलते चलते
टूटी आशाओं को फिर से मुस्करा लेने दो
आने वाली ज़िन्दगी के सुनहरे भविष्य के लिये..
हाँ बंद दरवाजो के पीछे भी पलती हैं कुछ ख्वाइशे
कुछ चंद उम्मीदें तो कुछ गहरी सी रातें...

मृत्यु का खेल....

मृत्यु का खेल बड़ा ही अजीब निराला हैं
लेट शय्या मृत्यु की एक दिन सबको जाना हैं
याद करके बीते श्रणों को अफ़सोस जताना हैं
हिम्मतों का सँग लेकर भले पलते आये हो तुम
दर्द तकलीफ़ सहते चाहें कितने भी आये हो तुम
इच्छाओं के ढेर में खुदको झोखते भी आये हो तुम
सुख-दुख की कहानी को भी गले लगाया हैं तुमने
अपनों के बीच रहकर फर्ज़ भी निभाया हैं तुमने
टूटी उम्मीदो को भी लेकर गले लगाया हैं तुमने
ज़िन्दगी की डगर में खुदको तैयार किया हैं तुमने
प्रेम की परिभाषा को भी करीब से पढ़ा हैं तुमने
विरह के रंग को भी पहचाना हैं दिल से बेहद तुमने
अविरल समय की धारा में खुदको बहाया हैं तुमने
कुछ खोया हैं अगर तो कुछ पाया भी तो हैं तुमने
मगर सफ़र ज़िन्दगी का अब अंतिम प्रहर लाया हैं
सब रह जाएगा धरा का धरा यही पर तुम्हारा
ना लेकर आये थे साथ कुछ ना लेकर कुछ जाना हैं
भूलकर सारी अभिलाषाए आशाये अपने मन की
एक अनंत यात्रा की ओर कदम बढ़ाने का अंतिम मोड़ भी
आया हैं..
हाँ, मृत्यु का खेल बड़ा ही अजीब निराला हैं
लेट शय्या मृत्यु की एक दिन सबको जाना हैं....

तेरी भी कहानी लिखी जाएगी.....

तेरी भी एक कहानी लिखी जाएगी
थोड़ी मुश्किलें ही सही मगर जीत तेरी भी हो जाएगी...
माना कदम कदम पर बेहद सवाल पूछे जाएंगे
खुद से खुद की लड़ाई के तराने सुनाये जाएंगे
मगर तू उठ फिर चल, देखना तेरे रंग भी सवर जाएंगे...
हौसलों को जन्म दे तू और निडर बन उड़ती जा..
किसी ने सफ़र में कुछ कहा अगर तो तू बिना रुके
चलती जा..
छोड़ परवाह कि ज़माना क्या कहेगा...
तू पकड़ डगर हिम्मतों की और सफल होता जा...
तू कमज़ोर नहीं हैं बस सब्र की कहानी में व्यस्त हैं
देखना थोड़ी ही सही मगर मुस्कराहट्ट के भी किस्से
सुनाये जाएंगे...
हाँ तेरी भी एक कहानी लिखी जाएगी
थोड़ी मुश्किलें ही सही मगर जीत तेरी भी हो जाएगी...

आशा करती हूँ कि आपकों ये संकलन पसंद आयी होंगी...

धन्यवाद्

www.ingramcontent.com/pod-product-compliance
Lightning Source LLC
Chambersburg PA
CBHW031810150726
47989CB00006B/2946